स्वाद ज़िंदगी का

(कविता-संग्रह)

स्वाद ज़िंदगी का

श्रुति सुकुमार

हिन्द युग्म
hindyugm.com
BLUE

ISBN : 978-93-87464-36-0

प्रकाशक :
हिन्द-युग्म ब्लू
201 बी, पॉकेट ए, मयूर विहार .फ़ेस-2, दिल्ली-110091
मो.- 9873734046, 9968755908

कला-निर्देशन : विजेंद्र एस विज

पहला संस्करण : 2018

Swaad Zindagi Ka

(A collection of poems by *Shruti Sukumar*)

Published By
Hind Yugm Blue
201 B, Pocket A, Mayur Vihar Phase 2, Delhi-110091
Mob : 9873734046, 9968755908
Email : sampadak@hindyugm.com
Website : www.hindyugm.com

First Edition: 2018

समर्पण

यह कविताएँ में अपनी 'मॉम' को समर्पित करती हूँ, जिन्होंने मुझे उँगुली पकड़कर चलना सिखाया, तथा इस संसार को ख़ुशनुमा दिखाया। उन्होंने मुझे बताया कि हर पल को जी भर के जियो तथा हर पल को उत्सव की तरह मनाओ। उन्होंने ही मुझे समय का महत्व तथा कर्म की शक्ति का ज्ञान कराया।

मॉम ने ही बताया कि किसी भी कार्य को पूरी लगन तथा शिद्दत के साथ करो। उसे अधूरा न छोड़ो पूरा करो। तभी सफलता मिलती है। मॉम की इसी सीख से मुझे कविता लिखने की प्रेरणा मिली। मॉम को मेरा स्नेहपूर्ण प्यार।

"माँ से मुस्कुराहट है,
माँ से प्रतिपल झंकार है,
माँ से ज़िन्दगी है,
माँ से मैं हूँ।"

I love you mom!

दिल की बात

ईश्वर ने हमें एक प्यारी-सी ज़िन्दगी दी है। इस ज़िन्दगी को खुलकर जिएँ। लोगों को साथ लेकर आगे बढ़ें। हार-जीत तो जीवन का एक हिस्सा है। पर असली विजेता वही है जिसने लोगों के दिलों में जगह बना ली।

आजकल लोग कृत्रिमता में जी रहे हैं। दूसरो को नीचा दिखाना और अपने को ऊँचा साबित करना ही लोगों का उद्देश्य हो गया है। पर दिखावे की ज़िन्दगी भी क्या ज़िन्दगी है भला? अन्त में मनुष्य अवसाद और घुटन का ही शिकार हो जाता है। मुझे ऐसे संकीर्ण मानसिकता के लोगों पर अफ़सोस होता है। क्यों न हम सब अपने ऊपर से ये मुखैटे उतार फेंके! और अपने वास्तविक रूप को अपनायें और हँसी-ख़ुशी जियें।

ज़िन्दगी हमें अपने अनुभवों से अलग-अलग स्वाद देती है। यह हमारे ऊपर है कि कौन-सा स्वाद लेकर हम आगे बढ़ें। मुझे लगता है कि प्रेम ही वह शक्ति है जो हर स्वाद को मीठा कर सकती है।

प्रेम श्वेत है, निश्छल है, पवित्र है। बाक़ी सब कुछ नश्वर है, लेकिन प्रेम शाश्वत है।

''ज़िन्दगी की राहे जटिल है पर प्रेम उसे सुगम बना देता है।''

सभी जीवों में मनुष्य ही एक ऐसा जीव है जिसमें हँसने की क्षमता है बाक़ी सारे जीव इस संवेदना को व्यक्त करने से वंचित हैं। फिर भी मनुष्य खुलकर नहीं हँसते। बेमतलब की उलझनों में घिरे रहते हैं।

मैंने ज़िन्दगी के इन्हीं अनुभवों को शब्दों रूपी मोतियों में पिरोकर कविता के रूप में आपके सामने प्रस्तुत किया है। मेरी कविताओं में आपको ज़िन्दगी का हर स्वाद मिलेगा। मेरी यह कविताएँ मेरी, या किसी व्यक्ति-विशेष की कविता नहीं अपितु हम सभी की ज़िन्दगी का स्वाद है। मुझे लगता है कि आप सभी इन कविताओं से खुद को पूरी तरह से जोड़ सकेंगे।

मेरी यह कविताएँ यथार्थ जीवन से जुड़ी एक प्रेरणात्मक कविताएँ हैं। जो मनुष्य को निराशा से हटाकर आशा तथा उमंग की ओर अग्रेसित करती हैं, तथा जीवन जीने की चाहत उत्पन्न करती हैं।

आशा करती हूँ कि आप सभी को यह कविताएँ अवश्य पसंद आयेंगी और मेरी यह कविताएँ आप सभी के दिलों में घर कर जायेंगी।

इन कविताओं को पढ़ते समय आपके जो भी खट्टे-मीठे अनुभव रहें उनको मुझसे साझा जरूर करियेगा।

श्रुति सुकुमार

shruti0006@gmail.com

अभिनंदन

इन कविता लेखन में जिन-जिन का मुझे सहयोग मिला, उन सबका अभिनंदन।

मेरे दोनों छोटे भाई प्रतीक और प्रखर को मेरा आभार। जिन्होंने मेरी कविताएँ बड़े चाव से सुनी। यदा-कदा मैं उन्हें अपनी कविताएँ सुनाती रहती थी। कभी वे हँसते थे, कभी सराहते थे। इस तरह से कविताओं की अच्छाई-बुराई सुनकर और उनके सहयोग से मेरा आत्मबल बढ़ा। और मैं कविताएँ लिखती रही। मेरे दोनों भाई मेरी शक्ति हैं, मेरी ताक़त हैं और मेरे प्रेरणा स्रोत हैं।

मेरी बचपन की सहेलियाँ आकांक्षा, दिव्या व सोनाक्षी ने मेरी कविताओं को स्कूल टाइम से ही पसंद किया व मुझे हमेशा लिखने के लिए प्रोत्साहित किया। उन्होंने मुझे हमेशा यह अहसास दिलाया कि मुझमें कुछ उम्दा लिखने की क्षमता है। उनको मेरा बहुत-बहुत स्नेह।

मेरे सभी दोस्तों, रिश्तेदारों, प्रियजनों व शुभचिंतकों को मेरा पूरे दिल से धन्यवाद। मैंने अपनी कुछ कविताएँ फेसबुक पर भी शेयर की थी। जिन्हें लोगों ने काफी पसन्द किया। आप सभी की सकारात्मक प्रतिक्रियाएँ, प्रशंसा व हौसलाफ़जाई के चलते ही मैं अपनी इन कविताओं को किताब का रूप दे पायी।

किताब के प्रकाशन हिन्द-युग्म को मेरा धन्यवाद, जिन्होंने मेरी कविताओं को पसन्द किया व मेरी कविताओं को संकलन का रूप प्रदान किया।

और आख़िर में मैं उन सभी का अभिनंदन करती हूँ जो लोग मेरी ज़िन्दगी का हिस्सा बने। आप सभी से कही न कहीं मुझे प्रेरणा अवश्य मिली। जाने-अनजाने में भी मुझे कई लोगो का साथ मिला। आप सभी को मेरा धन्यवाद।

कविता-क्रम

मुस्कुराहट

हरेक मुस्कुराहट के पीछे
एक दर्द छिपा होता है।
उसको समझ पाना,
इतना आसान नहीं होता है।।
यूँ तो ज़िंदगी जीते हैं सभी
पर सबके लिए ज़िंदगी के असल मायने,
समझ पाना इतना आसान नहीं होता है।।
अपने लिए तो ज़िंदगी जीते हैं सभी,
पर खुद टूटते हुए किसी और के लिए जीना,
इतना आसान नहीं होता है... ।
यूँ ख़ुद जलकर दूसरों को रौशन करना,
इतना आसान नहीं होता है।।
यूँ मुरझाकर अपनी ख़ुशबू बिखेरना,
इतना आसान नहीं होता है।
हरेक मुस्कुराहट के पीछे,
एक दर्द छिपा होता है।।

आज़ादी की तड़प

चिड़िया आकाश में स्वतंत्र घूम रही थी,
स्वच्छ स्वचलित पवन को चूम रही थीं,
अपने में थीं मग्न,
न था कोई ग़म,
तभी एक शिकारी आया,
चिड़िया पर बाण चलाया,
और ले चला उसे अपने संग
फिर पिंजरे में डाल उसे क़ैदी बनाया,
अपने इशारे पर नचाया,
चिड़िया बेचारी बेबस,
टुकुर-टुकुर देख रही है,
नील-गगन में स्वतंत्र उड़ने को तरस रही है,
सोने के पिंजरे में बंद है
फिर भी झुलस रही है,
सब कुछ है उसे पास
जीवन में रास नहीं है।
जीवन में उल्लास नहीं है,
अपनी आज़ादी के लिए वह तड़प रही है।।

जीवन-यात्रा

ज़िंदगी की राहों में कितने मुसाफ़िर मिलते हैं,
कितने बिछड़ जाते हैं।
कुछ दिल को छू जाते हैं,
कुछ दिल को ज़ख़्म दे जाते हैं।
कुछ फूल बन जाते हैं,
कुछ काँटे बो जाते हैं।
ज़िंदगी की राहों में कितने मुसाफ़िर मिलते हैं,
कितने बिछड़ जाते हैं।
कितने ही फूल खिलते हैं
कितने ही झड़ते हैं।
कुछ मन को सुकून दे जाते हैं
कुछ सुगंध में डुबा जाते हैं।
कुछ दर्द दे जाते हैं,
कुछ हमदर्द बन जाते हैं।
ज़िंदगी की राहों में कितने मुसाफ़िर मिलते हैं,
कितने बिछड़ जाते हैं।
कुछ प्यार दे जाते हैं,
मन की यादों में बस जाते हैं
उनकी खट्टी-मीठी यादों को समेटे,
हम जीवन को आगे बढ़ाते हैं।
हम उमंग, उत्साह और हौसला दे जाते हैं,
कुछ आगे बढ़ने का मार्ग बता जाते हैं
ज़िंदगी की राहों में कितने मुसाफ़िर मिलते हैं,
कितने बिछड़ जाते हैं।

ईश्वर का अक्स

ज़र्रे-ज़र्रे में है तेरी शख़्सियत
फिर कहाँ चला है तुझे ढूँढने यह राही अनजाना
तुझे पाने के लिए क्यों कर रहा है,
वह इतना ख़ून-ख़राबा...
क्यों नहीं समझ पा रहा
हर ओर है तेरा ही बसेरा।
क्यों तेरे लिए वो तेरा ही रक्त बहा रहा,
क्यों तुझे पाने के लिए वो तेरी
संरचना ही मिटा रहा।
ज़र्रे-ज़र्रे में हैं तेरी शख़्सियत
फिर कहाँ चला है तुझे ढूँढने यह राही अनजाना।।
उसको कोई समझाए, जिसने जीवन में
प्रेम-रस घोल दिया,
उसने तुझको पा लिया।
सबके अतंस में तू है बसा,
जिसने सबका मन जीत लिया।
उसने तुझको पा लिया,
ज़र्रे-ज़र्रे में हैं तेरी शख़्सियत
फिर कहाँ चला है तुझे ढूँढने यह राही अनजाना।।

बेचैनी

एक बेचैनी-सी है, घुटन-सी है,
कुछ समझ नहीं आता है
कैसी हलचल-सी है।
कैसी उलझन-सी है।।
कुछ पाना चाहता हूँ
कुछ करना चाहता हूँ,
मन में उथल-पुथल-सी है।
उसे सुलझाना चाहता हूँ।।
मैं सोचता हूँ,
शायद इस चीज़ की कमी है,
उस चीज़ की कमी है।
उसको पूरा करता जाता हूँ
फिर भी कुछ नहीं पाता हूँ,
अधैर्यता को ही पाता हूँ,
क्या है वो जो मुझे चाहिए,
कुछ समझ नहीं पाता हूँ,
यही सोचने में लग जाता हूँ।
अंत में मैंने यही जाना है।
यह संसार मोह-माया है,
ईश्वर ही है सबकुछ।
इसी को पाना है।।

शब्द

कठोर नहीं ये मेरे शब्द,
बस सच कहा था,
मुझे लगा था झूठ बोलना पाप है
भूल गई थी मैं, सच बोलकर किसी
को यूँ आघात करना, तो सबसे बड़ा अपराध है,
वो झूठ जिससे किसी का भला हो बोल देना ही अच्छा है।
कभी-कभी भ्रम में रहना भी ज़िंदगी में आस बनाए रखता है।
जीने की चाहा बनाए रखता है।।

पहेली

ज़िंदगी अजब पहेली है,
कभी हँसाती है, कभी रुलाती है,
जाने कितने रंग दिखाती है
अभी ठीक से हँस भी न पाए थे,
कि उसने रुला दिया,
जीने का हरेक मकसद ही मिटा दिया,
हर ओर अंधकार छा गया,
दर्द में और न जी पाएँगे
अब सब कुछ मिटाने का हमने मन बना लिया
तभी ज़िंदगी ने रौशनी की
लौ लाकर हमारा जीने का फिर से मन बना दिया

यादें

कितना चाहा था कि तुम्हे भूल जाँऊ
यादों के इस पिटारे से बाहर आँऊ,
दरिया-दरिया भटकी मैं,
सोचा कि तुमको बहा दूँ,
तब जाना रोम-रोम में बसे हो तुम
और खुद को कैसे बहा दूँ।

फूल और संघर्ष

फूल का जीवन भी नहीं इतना आसान,
काँटो के बीच रहता, फिर भी बिखेरता मुस्कान,
तू भी इससे सबक सीख, ऐ इन्सान
संघर्षो के बीच ही है, जीवन की शान।
पुरुषार्थ कर, कर्म कर,
मत बैठ भाग्य पर हाथ पर कर,
समय का सदुपयोग कर,
जीवन है अनमोल रत्न,
मत व्यर्थ की चिंता कर,
ईश्वर चिंतन कर, निज कर्तव्य कर,
जीवन लक्ष्य प्राप्त कर,
विघ्न बाधाएँ वेधकर।

प्रेम की परिभाषा

यूँ तो ढाई अक्षर से है प्रेम बना
पर इसको समझना उतना ही गहरा है
जितना समझो उतना इसमें डूबते चले जाओ
जो राधा को कृष्ण से वो भी प्रेम
जो मीरा को कृष्ण से वो भी प्रेम
जो हीर को रांझा से वो भी प्रेम
जो माँ को बच्चे से वो भी प्रेम
जो चकोर को चाँद से वो भी प्रेम
जो नदी को सागर से वो भी प्रेम
प्रेम में न कोई धर्म,
प्रेम में न कोई तर्क
न कोई विधाता, न ही कोई भाषा
प्रेम रोग नहीं एक राग है
यह प्रेम ही तो है जिससे जीवन में झंकार है।
जीवन जीने की एक आस है,
अलंकारों से र्निमित एक स्वर का सृजन
जो जितनी लगन से इसे गाता है
उसका प्रेम रूपी स्वर उतना ही मीठा हो जाता है।

नारी-वेदना

माँग ली उसने अपने हिस्से की ख़ुशी
तो लोगों ने उसे कहा स्वार्थी,
कहा नारी तो त्याग और करुणा की है मूर्ति,
नहीं, शोभा देती उसे इस तरह अपने हक़ की बातें करना,
मैं जानना चाहती कि जब ठगी गई नारी,
हुई असहाय और जुल्म पड़े भारी
तब कह दिया यही है नारी नियति,
आज जब नारी बन रही है तेजस्वी,
नहीं सह रही अपनी बेईज्ज़ती,
छा रही है उसकी कीर्ति
तो देख न पा रहे उसका यश यह पाखंडी,
बना कर उसको दया की देवी,
फिर छलना चाह रहे हैं उसको यह विद्रोही।।

नारी सहनशीलता

गरल पी-पीकर कैसे जी लेती हो तुम,
इतनी कड़वाहट सहती हो
फिर भी इतनी मीठी कैसे हो तुम,
मुस्कुराकर हर ग़म झेल जाती हो,
फिर भी किसी से कोई रोष न रखती हो तुम,
हे नारी, इतनी उमंग कहाँ से लाती हो तुम
ख़ुद धूप में तपकर सबको छाँव देती हो तुम
अपनी ख़ुशियाँ त्यागकर अपनों की ख़ुशियाँ तराशती हो तुम,
अपनो का प्यार पाने के लिए,
किसी भी दर्द को अपना बनाती हो तुम।।

सुख-दुःख

सुख और दुःख तो आना जाना है
इसके भ्रमजाल में नहीं फँस जाना है,
यह तो माया का परदा है,
यह तो संसार मोह में फँसने को धंधा है,
सुख और दुःख तो आना जाना है,
इसके भ्रमजाल में नहीं फँस जाना है,
यह तो एक घूमता पहिया है,
यह तो चलती चकिया है,
कभी सुख तो कभी दुःख
यह तो आना और जाना है,
इसके भ्रमजाल में नहीं फँस जाना है।
जैसे दिन के बाद रात, और रात के बाद दिन,
जैसे उजाले के बाद अँधेरा और
अँधेरे के बाद उजाला है।
वैसे ही सुख दुःख तो आना जाना है,
इसके भ्रमजाल में नहीं फँस जाना है।
अपना काम तो बस जीवन पथ पर चलना है,
निज कर्तव्यों को पूरा करना है, नहीं सुख-दुःख में उलझना है।
सुख-दुःख से परे होकर राजा बन जाना है।
सुख-दुःख तो आना-जाना है।

मैं ही हूँ

वो जो हवा तुम्हारे आस-पास है
वो मैं ही हूँ,
वो जो ख़ुशबू तुमसे टकराती है वो
मैं ही हूँ,
और वो जो तुम्हारी धड़कन में राग है
वो भी मैं ही हूँ,
तुम महसूस करके तो देखो मैं
तुम्हारे साथ ही हूँ,
तुम्हारे हर एहसास में मैं ही हूँ।।

फ़ैशन और वर्किंग वुमन

पहले कपड़े वाले उद्योग यूँ न
फल–फूल रहे थे।
पहले तो हम बिन फ़ैशन के
कपड़े पहने खड़े थे,
आज देखो फ़ैशन की बहार है,
जिधर देखो कपड़ों की दुकान है,
हर जगह फ़ैशन प्वाइंट है,
ये सब वर्किंग वुमन की करामात है,
जिसने फ़ैशन जगत को जगमगा दिया है,
रोज नए–नए फ़ैशन के कपड़े पहन,
दुनिया को लुभा दिया है।
परिवार की ख़ुशियों के लिए जीने वाली
महिला की मेहनत को नकारात्मकता में
ला दिया है,
वर्तमान में उसने भारतीय सभ्यता
की नींव को चरमरा दिया है।

बेटियाँ

क्यों छली जाती हैं बेटियाँ?
समाज ने नियम बना दिया बेटियों को जाना है दूसरों के घर
उन्होंने अपना सब कुछ न्यौछावर किया
एक से नाता तोड़ दूसरों से जोड़ लिया,
फिर भी उनके त्याग को न मिला कोई तर्ज़
उनको फ़ालतू समझ यूज़ किया
मैं पूछती हूँ इन समाज के ठेकेदारों से-
ऐसे कैसे तुमने नियम बनाए
जो स्वयं जलकर दूसरों का घर रौशन करे,
तुम उसे सम्मान न दिला पाए,
क्या तुम यह नियम न बना सकते,
लड़के को है एक लड़की की ज़रूरत
जो उसके घर को आबाद करे,
प्यासा जाए कुएँ के पास
और हर टेस्ट पास करे,
सम्मान और प्यार न देने वाले
को लड़की आऊट करे।

उम्मीद

सब कुछ बेगाना-सा लगता है,
हर रंग बेरंगा-सा लगता है,
अपना, अपना-सा न लगता है,
उसकी नसीहतें नश्तर की तरह चुभती हैं,
उदासी जब बेल सदृश हमें जकड़ लेती हैं,
जीने का कोई मकसद नज़र नहीं आता,
तब समझ आता है, एक उम्मीद
ज़रूरी है जीवन जीने के लिए,
कुछ पाने की चाह ही तो है,
ज़िंदगी को चलाने के लिए
मृगतृष्णा भी शायद बुरी नहीं,
यही तो है, ज़िंदगी को आगे बढ़ाने के लिए,
अति हर चीज़ की ही बुरी,
अति को अतुलनीय में बदल,
दिलों का गुलदस्ता खिलाना है,
ज़िंदगी जीने के लिए।

हिम्मत न हार

करत करत अभ्यास के,
जड़मत होत सुजान,
हिम्मत न हार राही,
हिम्मत न हार,
चुन-चुन कर ईंटे,
एक घर बनता है,
एक मजदूर भी रात-दिन मेहनत करता है,
हिम्मत न हार राही, हिम्मत न हार,
टिक-टिक कर घड़ी की सुईयाँ चलती हैं
तब जाकर वह घंटा पूरा करती हैं,
हिम्मत न हार राही, हिम्मत न हार,
ईश्वर देख रहा है तेरे संघर्षों को,
सपनों को वही साकार करता है,
फल देने का काम वही करता है,
तू अपना काम कर राही,
हिम्मत न हार राही,
हिम्मत न हार।

ख़ुशियाँ

मैं ख़ुशियाँ कैसे पाऊँ
समझ न पाऊँ,
दिल को सुकून कैसे दिलाऊँ
समझ न पाऊँ,
सारी सुख सुविधाएँ मैंने जुटाईं
पर शांति कैसे पाऊँ,
बहुत धन-दौलत जोड़ी, पर प्रेम कैसे पाऊँ,
समझ न पाऊँ,
बैठी मैं मंथन करूँ, क्या करूँ,
क्या करूँ, मैं क्या करूँ?
देने में ही है ख़ुशियों का मंत्र छिपा,
प्यार और सम्मान करें,
क्षमा करें त्रुटियों को,
ईर्ष्या कर न ख़ून जलाओ,
धैर्य का दीप जलाएँ अंतस में,
प्रकृति प्रेम की सुगंध फैलाएँ जन-मन में,
इन्हीं से पाएँ ख़ुशियों का ख़जाना अपने दिल में।

घुमावदार

सीधा सरल-सा पेड़ का तना ही काटा जाता है,
टेढ़े-मेढ़े, झाड़-झंकारों से बलखाती
जाती, वही नदियाँ कहलाती हैं,
सीधा, सरल, सच्चा लिखना किसी
को न भाता है,
विषमतीय, घुमावदार,
लच्छेदार भाषा ही कविता कहलाती है,
सीधी, मधुर और निश्चल नहीं,
दूसरों को उलझाकर,
ठेंगा दिखाती, शायद यही ज़िंदगी कहलाती है।

विडंबना

खरबूजा देखकर खरबूजा रंग बदलता है
यही सोचकर मैं डर जाती हूँ,
और अपनी व्यथा किसी से न कह पाती हूँ
यह दुनिया बड़ी जल्दी बदलती है रंग,
एक से तिरस्कृत, दूसरों से भी न पाता प्यार,
समाज में घट जाता उसका सम्मान,
और तब पैदा होती है चुप्पी और घुटन,
एक लड़की की ज़िंदगी भी, बड़ी बिडंबना है,
प्यार देने वाली, पाती न प्यार कभी,
जो कल तक थे अपने, बेगाने से हो जाते हैं सभी,
बस ज़िंदगी यूँ ही ढोती जाती है,
कमज़ोर के आत्महत्या की तरफ़ बढ़ते क़दम,
हौसले वाली ज़िंदगी पार लगा जाती है।

मौसम

कितना प्यारा मौसम, कितनी प्यारी हवा है,
हर तरफ़ देखो लगते हैं पेड़ ख़ुशनुमा हैं,
कितना प्यारा मौसम...

आकाश में बादल छाए हुए हैं,
हर तरफ़ देखो सब कुछ रंग-बिरंगा-सा है,
कितना प्यारा मौसम...

फिर भी दिल ख़ुश नहीं है, कुछ बैठा-बैठा है,
क्या जाने उसे क्या चाहिए,
कुछ अनजाना-सा है,
कितना प्यारा मौसम...

रिमझिम-रिमझिम बारिश की फुहार से सब सतरंगा-सा है,
कितना प्यारा मौसम, कितनी प्यारी हवा है,

हाथ में चाय का प्याला है,
ठंडी हवाओं का झोंका है,
फिर भी दिल में कुछ चुभन है,
अपने को पाने की कसक है,
अपने रूप से लिपट जाने की ललक है,
कितना प्यारा मौसम, कितनी प्यारी हवा है...।

रामगढ़ ताल

सुबह के 5 बजे हैं, सुबह का मौसम मस्त है,
रामगढ़ ताल के पथ पर टहलने वालों की भीड़ जबरदस्त
है,
ऐसा लगता है कि सबको सर्टिफिकेट
मिल जाएगा कि आए हैं हम टहल कर,
अब हम सब कुछ खा सकते हैं,
नहीं रह सकते जी मारकर
हम अपने तन–मन को बहकाते हैं,
अच्छे आहार से उसे तरसाते हैं,
जिधर देखो उधर फास्ट फूड की धूम है,
चाउमीन के लच्छों में सब कुछ घूम–घूम है,
चटपटा खा हम अपना दिल बहलाते हैं,
रामदेव का योगा हमें बचाएगा
यह सोच मस्त हो जाते हैं।
यह फास्ट फूड बीमारी की जड़ है,
डायबटीज, हाइपरटेंशन और डिप्रेशन है,
चारों तरफ़ गंदगी का आलम है,
इधर फैले पत्तों की सजावट है,
उन पर झूमती मक्खियों, मच्छरों की गुनगुनाहट है,
फिर भी आदमी सोचता है
हमें क्या, इन पत्तों से कट कर निकल लेते हैं,
कुछ खाकर अपना मन पूरा कर लेते हैं,
इस कुछ–कुछ के चक्कर में पूरा होता जाता है,

जो न होना होता है वो हो जाता है,
सुबह का मौसम मस्त है,
रामगढ़ ताल के पथ पर टहलने वालों की भी जबदस्त है।

विन्डचाईम

ख़ुशी-ख़ुशी मैं विन्डचाईम ख़रीद कर लाई,
सोचा इसे अपने घर पर लगाऊँगी,
सारी नकरात्मकता और बीमारियाँ दूर भाग जाएँगी
जितना यह बजेगा, उतना शुभ होगा,
ऐसा लोगों का मानना है, लेकिन यह क्या,
अगले दिन ही दिल टूट गया
मैंने सोचा, ऐसा होना था, वही हुआ है
और जो कुछ हुआ है, अच्छा ही हुआ है,
इस विन्डचाईम का भ्रम अब छूट गया है,
यह बेचने वालों का एक अच्छा बहाना है,
घर की सजावट का एक अच्छा खिलौना है।

विश्वास

यूँ तो मैंने कुछ कहा नहीं है,
पर यह न सोचो मुझे कुछ हुआ नहीं है,
मैं भी इंसान हूँ, सीने में दिल रखती हूँ,
दर्द होने के लिए,
यूँ तो मैंने कुछ कहा नहीं है,
यह मेरी सभ्यता और संस्कार हैं,
जिसने मजबूर किया है,
मुझे न चीखने के लिए,
यूँ तो मैंने कुछ कहा नहीं है,
लेकिन खिलौना समझकर न खेलो तुम,
शीशा है दिल टूट जाएगा,
और 'विश्वास' जैसे शब्द से
दुनिया का विश्वास उठ जाएगा
यह न भूलो तुम,
इस तरह मदमस्त न हो लो तुम,
इस तरह सत्य को झुठलाओगे,
एक दिन तुम भी धोखा खाओगे।।

रोज़ की कहानी

रोज़ सुबह होती है,
रोज़ शाम होती है,
उससे मिलने की उम्मीद होती है,
रोज़ सुबह होती है,
रोज़ शाम होती है,
रोज़ प्रोग्राम बनते हैं, बिगड़ते हैं,
उन्हें पूरा करने की चाह होती है
रोज़ सुबह होती है,
रोज़ शाम होती है,
ज़िंदगी यूँ ही आगे बढ़ती है,
उसको ख़ुश रखने की इच्छा होती है,
उसको ख़ुश रखने में ही,
ज़िंदगी बढ़ती जाती है
रोज़ सुबह होती है,
रोज़ शाम होती है...।

कौन है अपना

कौन है मेरा अपना,
जो मेरे दिल के बोझ को कम कर देगा
कौन है वो जो मेरे जीवन को ख़ुशियों से भर देगा,
किससे कहूँ मैं अपने सुख-दुःख की बातें,
सारे झूठ हैं यह दुनिया के रिश्ते-नाते
हमदर्द बन हमें धोखा दे जाते हैं,
हमारे जीवन के सारे राज़ जान जाते हैं,
और फिर सारी ज़िंदगी अपने इशारों पर हमें नचाते हैं,
मैंने सबसे पूछा-''कौन है अपना''
फिर एक दिन माँ ने कहा- बेटा ईश्वर ही है सच्चा
अब ईश्वर को मैं कैसे पाऊँ
उसे मैं कहाँ से ढूँढ़ कर लाऊँ,
फिर मैंने जाना, ईश्वर यूँ साकार में न मिल पाएगा,
उसे अपने अंर्तमन में खोजो
कुछ देर बैठो और 'ॐ' के जाप से
उससे अपनी सुरति जोड़ो, वह सुनता जाएगा,
तुम्हारा दुःख दर्द कम हो जाएगा
और सुख-शांति पहुचाएँगा।

इच्छाएँ

सबकी सभी इच्छाएँ पूरी नहीं होती हैं अधूरी रह ही जाती हैं,
किसी की बड़ी तो किसी की छोटी
पर अपूर्ति का ग़म एक सा ही होता है।
और जिन चुनिंदा क़िस्मत वालों की पूरी हो जाती हैं,
उन्हें उसकी कद्र नहीं होती।

जीने का सलीक़ा

सुबह उठने से रात के सोने तक
हर रोज़ सैकड़ो पल यूँ ही बीत जाते हैं,
आनन-फानन में जीवन चलता जाता है,
क्यों न थोड़ा ठहर जाए, ज़िंदगी को
क़रीब से महसूस करें,
कुछ क्षण सुकून के जीएँ,
सुबह उठकर उस नीलाम्बर में उड़ते पंछियों को निहारें,
सूर्य की अरूणिमा से खुद को सजीव करें,
वायु के वेग में खो जाएँ,
फूलों की ख़ुशबू से मन को सुगंधित करें,
सुबह की चाय का आनंद लें,
दिल की झंकार को सुनें,
अपनों के साथ कुछ पल बिताएँ,
छोटी-से-छोटी ख़ुशी को मनाएँ,
ज़िंदगी तो वही रहेगी पर शायद,
ज़िन्दगी जीने का सलीक़ा बदल जाये,
और जीवन पुलकित हो जाये।

सच्चा प्यार

जिसकी दुनिया हमारे ईर्द-गिर्द घूमती है
हम उससे दूर भागते हैं,
उसके प्यार की कद्र नहीं करते,
हम उसकी ओर बढ़ते हैं,
जिसकी दुनिया में हम नहीं बसते,
और फिर सारी उम्र सच्चे प्यार को तरसते हैं।

लालसा

भाग रहे हो तुम, कभी थमते नहीं
चाहतें हमारी कम होती नहीं,
जब मोती मिलते हैं, तो चाहिए होते हैं हीरे,
हर पल चाहतें बढ़ती ही रहती हैं हमारी
कभी उन तरसती आँखों को भी देख लो,
उन्हें नहीं चाहिए हीरे-मोती
जिन्हें चाहिए कुछ अन्न और तुम्हारा प्यार
बहुत कुछ दिया है उस दाता ने,
कभी संतुष्ट होना भी सीख लो,
उसका धन्यवाद करो,
और कभी दूसरों के बारे में भी कुछ सोच लो
अगर गिनने बैठोगे उसके उपकार,
तो जिंदगी भी कम पड़ जाएगी।

किससे करो प्यार

जो लोग मुझसे ख़फा होते गए,
मैं उन्हें मनाने में लग गई,
कितनी ज़िंदगी यूँ ही रूठने-मनाने में बीत गई,
जो हमारे न हो सके,
हम उन्हीं में अपनी ख़ुशियाँ ढूँढ़ते रहे,
क्यों जिन्हें हम में नज़र आई सिर्फ़ कमियाँ,
उन्हें अपना मानते रहे,
काश समझ पाते प्यार हमेशा उनसे करो
जो तुम से प्यार करे।

शब्दों का माया जाल

कभी शब्दों के मायाजाल में मत फँसना,
वो सुलझाते कम, उलझाते ज़्यादा हैं,
हम ऐसे उलझते गए,
जितना सुलझाते उतना बिखरते गए।

दिल से

अक्सर अल्फ़ाज़ कम पड़ जाते हैं,
कुछ बताने के लिए,
पर जब दिल जुड़ जाते हैं,
तो दो लफ़्ज़ भी ज़्यादा लगते हैं,
दिल का हाल बताने के लिए।

मीठी बोली

यह जिह्वा भी कितनी अनोखी है,
कभी कड़वी है तो कभी मीठी है,
कैसे रंग बदलती है,
कड़वी बातें कर दिल को दुःखाती है,
मन को रुलाती है, खून जलाती है,
यह जीभ ज़हर-सा कड़वा घोल पिलाती है
ज़हर तो फिर भी ठीक, जिसे पीकर
आदमी चैन से मर जाता है,
किन्तु जिह्वा का कड़वा ज़हर पीकर
आदमी मर-मर कर जीता जाता है,
पर जब यह मीठी बन जाती है,
तो मिश्री-सा घोल पिलाती है,
सबको अपना बनाती है, सुख बरसाती है,
क्यों न हम कड़वी बोली छोड़ मीठी बोली अपनाए,
सर्वत्र सुख बरसाए, ख़ुशियाँ लाए।
क्योंकि ख़ुशियों में ही आनंद है,
आनंद में ही शांति है,
शांति में ही परम पद की प्राप्ति है।

सितारों का खेल

आज तुम्हारे सितारे बुलंद हैं,
तुम कर रहे हो अपनी मनमानी,
हमारे सितारे गर्दिश में हैं,
तुमने नचाया बनाकर हमें अपनी कठपुतली,
पर समय फिरते और सितारे बदलते देर नहीं लगती,
भगवान के दरबार में देर है, पर अंधेर नहीं होती।

ये रिश्ते

कोई धन-दौलत बनाने में लगा है,
कोई हीरे-जवाहरात समेटने में,
कोई बिजनेस आगे बढ़ाने में,
तो कोई दुनिया जीत जाने में,
और मैं लगी हूँ रिश्ते पकाने में,
रूठे हुए को मनाने में,

रिश्तो से ही ख़ुशी है,
रिश्तो से ही मिलता प्रेम है,
हर मुश्किल आसान है,
जीवन में रास है।

चुप्पी

अँधेरे और मिट्टी को अपनाया,
अपने आप को उसमें बीज ने गलाया,
घुप्प चुप्पी और घुटन को सहा,
तब जाकर बीज वृक्ष बन पाया,
जिसके अस्तित्व से वृक्ष हो पाया,
वो बीज न किसी को याद आया,
वृक्ष को पूजा गया,
उसी ने महत्व पाया,
वही बीज हो तुम 'नारी'।
जिसने परिवार रूपी वृक्ष की संरचना कर,
परिवार की खुशियों तथा समृद्धि के लिए,
'चुप्पी' को है अपनाया।।

मंजिल

न हो तू उदास-उदास
खुदा है तेरे आस-पास
लुटा रहा है वो प्यार-प्यार,
मंजिल है तेरे पास-पास
न छोड़ तू अपनी आस-आस
न हो तू निराश-निराश
लेकर सबको तू साथ-साथ
जन्नत से कर ले तू मुलाक़ात-मुलाक़ात
दिल में भर ले जोश-जोश
न खो तू अपने होश-होश
लेकर अपनी हिम्मत को,
होता जा तू कामयाब-कामयाब
असफलताओं से न हिम्मत हार,
तू बार-बार,
आशाओं को लेकर साथ-साथ,
उम्मीदों का दामन थाम-थाम,
गिरकर उठ जा तू बार-बार
न हो तू उदास-उदास,
खुदा है तेरे आस-पास,
ऊँचाईयों का गगन चूम-चूम
अपना परचम फैला घूम-घूम,
न हो तू उदास-उदास,
ख़ुदा है तेरे आस-पास।

ख़ुशियों का खज़ाना

जिसके पास है मुस्कराहट
उसके पास है खुशियों का ख़जाना,
मुस्कुराहट से ही तो फैलती
सारे जहाँ में सद्भावना,
मुस्कराहट है जीवन जीने की कला
एक मुस्कुराहट दे जाती,
जीवन से हारे को,
जीवन जीने की लालसा,
एक मुस्कान देने से,
न जाता कुछ तुम्हारा,
उल्टे मिल जाता तुमको भी,
आत्मबल और प्यार ढेर सारा।।

असंभव में संभव

तू विश्वास तो कर
सब काम हुआ पड़ा है,
कुछ भी नहीं है असंभव,
सब संभव हुआ पड़ा है,
ऊँचाइयों को हमने चूमा है,
सागर से मोतियों को हमने ढूँढ़ा है
तू विश्वास तो कर, सब कुछ हुआ पड़ा है।
नील गगन में उड़ते है पंछी,
वह भी तो अपने पंखों में साहस को भरते हैं,
तू भी अपनी आत्म शक्ति जगा,
सब कुछ संभव हुआ पड़ा है,
असफलता शब्द में ही तो सफलता का
अर्थ छिपा हुआ है,
बारिश की बूँदों में ही तो धरती का सोना छिपा हुआ है,
तू अपना काम कर,
उसकी तू पहचान कर
उस में तो तेरा नाम छिपा हुआ है,
कुछ भी नहीं असंभव,
सब कुछ संभव हुआ पड़ा है,
असंभव में ही तो संभव छिपा हुआ है।।

अस्तित्व

न अमीरी बुरी है,
न ग़रीबी बुरी है,
न जीतना बुरा है,
न हारना बुरा है,
सबसे बुरा है,
कुछ पाने के लिए,
अपने अस्तित्व को खो देना,
अपने आप में जीना सीखो,
अपने अस्तित्व में रहना सीखो,
हर स्थिति में सम रहना सीखो,
क्यों किसी से हैं हम माँगते,
क्यों सूर्पणखा की तरह,
अपनी नक हैं कटाते,
कुछ पाने के लिए, क्यों दूसरों के हाथो की
कठपुतली हैं बन जाते।
मिलना-पाना देता है विधाता,
कुछ पाने के लिए
इतना न गिर जाओ
कि दूसरों के पैरों तले, रौंदे जाओ !!

सात का जादू

सात जन्म तक जीने मरने की क़समें
सात फेरों के सात हैं वादे,
सात हैं सुर, सात हैं ताल
सात रंगो से रंगा यह संसार
सतरंगी इंद्रधनुष, सतरंगी है आसमाँ
सात समुद्र, सात है महाद्वीप
सात समुंदर पार से आया तेरा प्यार है,
सात जन्म तक जीने मरने की,
क़समें हमनें खाई बारम्बार हैं।।

तुम बिन

ठंड से ठिठुरते हुए फूल पर
जब पड़ती है, सूरज की स्वर्णिम रश्मियाँ
खिल उठता है उसका तन, और पुलक उठता है उसका मन
सूरज की ओर मुख करके, फूल करता है बातें
मानो कह रहा हो–
कहाँ चले जाते हो तुम मुझे छोड़कर
तुमसे बिछुड़ कर मैं हो जाता हूँ ग़मगीन
न मिलती मुझे कोई ख़ुशी, तुम्हीं तो हो जीवन मेरा,
न रह पाऊँगा मैं 'तुम बिन'।

बालिका-वध

हे निर्मोही, हे निर्दयी, हे निष्ठुर,
क्यों तू बालिका को मार रहा।
क्यों तू अपनी अबोधता में उसका वध कर रहा।
उस माँ के मातृत्व सुख की सोच,
उस माँ का आत्मिक चैन क्यों तू छीन रहा,
उसका वध कर तू, अपनी अक्षमता का दे रहा परिचय,
तू सोच रहा, तू है उसका पालनहार उसका सेवनहार,
पर एक बालिका ही तेरा पालन करती।
माँ देती है जन्म तुझे और पालती,
पत्नी तुझे सवाँरती।
एक बहिन तुझे प्यार से दुलारती,
एक औरत ही पूरे घर को सँवारती,
तू तो है एक क्षुद्र प्राणी,
अहंकार ही तेरा दर्णण
इसी अहंकार के दर्प से, करता तू हम सबका शोषण,
मतकर, मतकर, मतकर
पाप का भागीदार मत बन, मत बन
पाप का बोझ लेकर ऊपर जाएगा,
अगले जन्म बालिका बनकर तू भी आएगा,
अगर यही परंपरा रही, तो तू भी पुरुषों के हाथों मारा जाएगा।।

सरीखी

जाने कितने रंग यह मौसम बदलता है,
कभी सर्द, तो कभी गर्म,
कभी बसंत, तो कभी फुहार,
और हम हर बार ढल जाते हैं उसी के अनुरूप
यही ज़िंदगी है... मौसम सरीखी

बन्धन

ये प्रेम का बन्धन ही तो है,
जो बाँधती है राखियाँ
दूर रहते हुए भी, भाई–बहिन को
प्रेम के धागे से बाँधती है राखियाँ
आपस में दिल से मिलाती है राखियाँ
ये प्रेम ही तो है–
धरती चाहे अम्बर को,
अम्बर चाहे धरती को,
फूल ताके सूरज को,
और समुद्र उमड़ता है देख चाँद को,
सारा संसार पाना चाहे प्रेम को,
यह आन्तरिक प्रेम, एक एहसास, एक भाव है,
जो अदृश्य होकर दृश्य है,
एक दूसरे के समक्ष है,
इसी प्रेम रूपी धुरी पर धूमते हुए
संसार की परिक्रमा कर रहे हम सब,
ये बन्धन है प्रेम का –
जो टूटे नहीं टूटता,
जो छूटे नहीं छूटता...।।

स्वाद ज़िन्दगी का

बदल रही है ज़िन्दगी की चाल ज़रा,
बदल रहे हैं ज़िन्दगी के ख्वाब जरा
नया रंग भरने को बेताब है ज़िन्दगी,
उस बदलते रंग को मैं भी देख लूँ जरा,
ज़िन्दगी लेती है सबके इम्तिहान यहाँ,
सब्र जिसने दिखाया, वही है पास यहाँ।

ज़िन्दगी की है टेढ़ी-मेढ़ी चाल,
उस चाल को मैं भी देख लूँ ज़रा।
लाल, नीले, पीले फूलों से भरी है ज़िन्दगी,
इन फूलों से मैं भी अपने को सँवार लूँ जरा।

ज़िन्दगी कभी हँसती है, कभी रूलाती है,
खट्टी-मीठी-सी है ज़िन्दगी।
मैं भी इसे चख लूँ ज़रा,
पढ़ाई के इम्तिहान सबने पास किये,
पर, ज़िन्दगी का इम्तिहान मैं भी पास कर लूँ ज़रा,
ज़िन्दगी में मुस्कुराते रहना और दूसरों को मुस्कुराहट देना,
मैं भी सीख लूँ जरा।
बहुत दिनों से था जिसका इंतजार
उस ज़िन्दगी को मैं भी देख लूँ जरा।

आस

यह आस न टूटे, यह प्यास न छूटे।
यह आस ही तो है, जिससे जीवन जीने की चाह है।
यह आस ही तो है, जिससे आगे बढ़ने की राह है।
यह आस ही तो है, जिससे कुछ पाने की उत्कंठा है।
आस है तो उमंग है, आस है तो चमन है।
आस है तो तरंग है, आस है तो दिल में रौनक है।
आस है तो यह संसार जगमग है।
यह आस न टूटे,
यह प्यास न छूटे।।

माँ

जाड़ों की सुनहली धूप है माँ,
बसन्त की ठंडी बयार है माँ,
बरसात की रिमझिम फुहार है माँ,
जब मैं आती हूँ तो खुशियों का गुलदस्ता-सा खिलाती है,
जब मैं जाती हूँ तो दुःखी-सी हो जाती है माँ,
शहद-सी मीठी चाश्नी है माँ।
तेरे से ही यह दुनिया जन्नत है,
तेरे बिन सब कुछ बेमतलब है,
तू दुआओं का घर है माँ
तू है तो सारे गम दूर हैं, माँ
कड़ी धूप से बचाने वाली,
तू तो है हमारी छतरी,
हर मुसीबतों से बचाने के लिए,
हम पर अपना आँचल ढापती।
थके हुए हमारे कंधों को सहलाकर,
तू देती हमको नई स्फूर्ति।।

भाग्यवान है वो, जिनके पास है माँ,
इस पृथ्वी पर, ईश्वर का वरदान है माँ,
इसको प्यार करना, हमारा धर्म है।
इसकी सेवा करना, हमारा कर्म है।।

दीवाली

दीवाली है दीयों का त्यौहार, दीवाली है रौशनी का त्यौहार,
आतंक का तिमिर मिटाकर, रामचन्द्र जी अध्योध्या वापस आये,
लाए खुशियाँ अपार, दीवाली के दिन मिट गए सभी डर,
और भयमुक्त खुशियाँ छायीं,
सभी बच्चों, स्त्रियों, और पुरुषों ने,
अपनी स्वतंत्रता पायी।।

आज भी जरूरत है, उस रौशनी की,
आतंकवाद, भ्रष्टाचार और दुष्कर्मों का तिमिर मिटाया जाए,
हर बालिका और स्त्री को सामाजिक भय से मुक्ति दिलायी जाए,
तभी सच्चे अर्थों में हम दीवाली का दीया जला पायेंगे।
दीवाली पर छोड़ते हैं हम पटाखे और फुलझड़ियाँ
और करते है खुशी का इज़हार,
पर जब हम छोड़ देंगे बैर और वैमनस्य,
और जब होगा सबके दिलों में उजाला,
और दिखेगा चेहरे का साफ अक्स,
तभी होगी यह खुशी सच्ची,
तभी हम सच्चे अर्थों में दिवाली का दीया जला पायेंगे।।

दीवाली है रौशनी का त्यौहार,
दीवाली है खुशियों का त्यौहार,

जब हम अपनी संस्कृति और परम्पराओं को देंगे पूरा सम्मान,
करेंगे बड़ो का आदर, और छोटों को प्यार,
तभी हम सच्चे अर्थों में दिवाली का दीया जालायेंगे।
तभी सच्ची खुशी को पा पायेंगे।।

हमारी भाषा हिन्दी

हिन्दी है जगतजननी,
हिन्दी है देवभाषा,
हिन्दी है हमारी मातृभाषा,
हिन्दी है एकता की परिभाषा,
हिन्दी है हमारी राष्ट्रभाषा
हम है हिन्दी, हिन्दवासी,
हिन्दी हमारी बोली है,
हिन्दी हमारी जान है,
हिन्दी हमारी शान है,
हिन्दी हमारी ताक़त है,
हिन्दी हमारी संस्कृति है।
हिन्दी से है हमारी पहचान।
इसका न करो तुम अपमान।।

चारों तरफ है हिन्दी का परचम,
चारों तरफ है हिन्दी का बोलबाला,
इसको हर कोई है अपनाता,
और अपनापन है पाता।
आओ अपनी भाषा को उन्नत करें,
इसका करें सम्मान,
बचा के रखे अपनी इस धरोहर को,

आगे की पीढ़ी के लिए,
वो भी जान सके अपनी भाषा का
गौरवमय इतिहास।।

जो लोग करते हैं इसका तोड़,
बोल रहे अँग्रेजी के बोल, वो है सब अंदर से कमज़ोर,
वो न समझ रहे हैं अपनी भाषा का ज़ोर।
आओ, उन्हें बताएँ,
हिन्दी है हमारी जान।
हिन्दी है हमारी शान।।

समय

समय की कीमत समझो,
समय है अनमोल रत्न,
समय से बड़ा न पैसा, न है रुपया,
समय है बड़ा बलवान।
उचित समय पर उचित काम करें,
आलस्य छोड़, मेहनत का दामन पकड़ो,
मेहनत करने वाले का ही भाग्य चमकता है,
आग में तपकर ही सोना निखरता है।

उचित समय पर, उचित काम करो।
समय रहते अपना नाम करो।।

चुनाव

लो फिर बज गया बिगुल चुनाव का,
हर पार्टी के खड़े हैं अलग-अलग उम्मीदवार,
हर कोई जोश में है,
ढोल-ताशो के साथ,
बता रहे हैं अपने-अपने वादे,
लगा रहे है अपने नारे,
इन सबमें जीतना, तो एक को है,
बाकी सब हारे,
लेकिन अपने जीतने का,
लगा रहे कयास सारे।
जो हारे वह मायूस हो जाते है,
और दोष ढापते 'इ.वी.एम.' पर
और जो जीते उनके चेहरे खिल-खिल जाते,
और अभार देते है जनता को,
कहते हैं-उनका उद्धार करेंगे, विकास करेगे।
मुझे लगता है-
उनका अपना विकास और उद्धार ही, 'जनता का विकास' है।
यही चुनाव का असली 'मकसद' है।।

सच्चा सुख

अपने बालक को, सीने से चिपकाएँ,
एक माँ को कितने आत्मिक सुख
की अनुभूति होती है,
उसे दुलार-दुलार आन्तरिक सुख मिलता है,
उसे कर-कर प्यार,
असीम आनन्द मिलता है,
उसके बदन की खुशबू से मन महक उठता है,
उसके स्पर्श से तन लहर उठता है,
उसके निश्चल मुखमंडल को देख,
आत्मा की तृप्ति होती है,
जहाँ मिले आत्मा को चैन।
वहीं सच्चा सुख है।।

बारिश

आओ इस बारिश में भीग जायें,
इस भीनी-भीनी खुशबू में खो जायें,
तन-मन को भीगा दें,
खुद को भुला दें,
बारिश की बूँदों से खुद को महका दें,
जल्दी क्या है जाने की,
चुरा ले कुछ पल ज़िन्दगी से,
सिर्फ चाहतों के लिए,
एक-एक बूँद को महसूस करें,
यह बूँदें भी कुछ कहती हैं,
इतनी दूर से आयी हैं यह तुमसे मिलने,
इनकी सुने, इनसे बाते करें,
इनके संग मुस्कुरायें, गुनगुनायें।
आओ इस बारिश में भीग जाएँ।।

मतलबी लोग

लोगों को खुश करने में यूँ न अपनी ज़िन्दगी बिता दो,
जो नहीं हो सकते अपने, उनको मानाने में न यूँ ही वक्त गवाँ दो।
न वो हो सकेगे कभी अपने, चाहे कितना ही उनको समझा लो,
जब तक उनका स्वार्थ सिद्ध होगा,
तभी तक के हैं वो मतलब के साथी,
तंगड़ी मार, अपने को आगे बढ़ाते,
ऐसे हैं ये पापी।
ये बात अच्छे से जान लो,
इनको पहचान लो।

खुश रहो, अपने में जियो,
ये खुशियाँ न आती बार-बार,
उनको छोड़ो, अपनी खुशियाँ ढूढो।
यह ज़िन्दगी मिली है एक बार।।

स्वच्छता

वैसे तो स्वच्छता एक छोटा–सा नाम है,
पर वास्तव में एक व्यापक अभियान है।
स्वच्छता ही जीवन का आधार है,
स्वच्छता से ही होता शक्ति का संचार है।
जहाँ है स्वच्छता वहीं ईश्वर का वास है,
स्वच्छता ही ईश्वर का वरदान है।
स्वच्छता से ही मिलता आत्मिक सुकून है,
स्वच्छता से ही हमारा स्वास्थ्य है।
स्वच्छता से ही होता तन, मन धन का विकास है,
स्वच्छता से ही होता अच्छे विचारों का प्रादुर्भाव है।
स्वच्छ हवा, स्वच्छ पानी, स्वच्छ हरियाली लाती है खुशहाली।
स्वच्छ और नैसर्गिक पर्यावरण ही है हमारी ज़िन्दगी की कहानी।।

आज की नारी

कल की नारी सब कुछ सहती थी,
किसी से कुछ न कहती थी,
पुराने जकड़े नियम पथ पर चलकर,
अपने दुःख खुद ही सहती,
तन्हा-तन्हा-सी जीती जाती थी,

पर, आज की नारी बदली-बदली-सी है,
वो यूँ न उखड़ी-उखड़ी-सी है,
वो खुलकर बिंदास जीती है,
अपने सुख-दुःख खुलकर कहती है,
अपने विचारों को व्यक्त करती है,
वो यूँ न सब कुछ सहती जाती है,
वो पुरानी रूढ़िवादी विसंगतियों को तोड़कर आगे बढ़ती है,
आँख नीचे करके नहीं,
आँख से आँख मिलाकर चलती है,
समाज में कदम से कदम मिलाकर
चलने का जज्बा है।
आज की नारी है सब पर भारी।।

बोली

ऐसी बोली बोलिए-
जिससे तुम्हारा नाम हो जाए,
तुम पाओ आदर और तुम्हारा
सम्मान हो जाए।

बोली ही है ऐसा जरियाँ,
जिससे अच्छे-बुरे का भान होता,
कौन है कौआ और कौन है कोयल,
इसका हमें है ज्ञान होता।

बोली है ऐसी अनमोल रत्न,
जिससे हम अपनी तहजीब दर्शाते,
सभ्य बोली सभ्यता एहसास कराती,
असभ्य बोली नीचता की पहचान कराती,
किसी से कुछ लेना है, तो प्यार से बोल दो,
लेने के बदले में शब्दों के मीठे रस का घोल तो दो,
मीठे शब्दों के बोल, अमृत रस का काम करेंगे।
तुमको मिलेगा प्यार और वह तुम्हारा कद ऊँचा करेंगे।
अतः, कर्कश बोली बोल, न कौआ बन जाओ।
सभ्य मीठी बोली बोलकर,
कोयल जैसा सम्मान पाओ।।

www.ingramcontent.com/pod-product-compliance
Lightning Source LLC
Chambersburg PA
CBHW022202160726
48282CB00024B/287
9789387464360